LE DOCTEUR

JEAN-JOSEPH BOULEY

1867

JEAN-JOSEPH BOULEY

Le docteur Jean-Joseph Bouley, médecin des hôpitaux de Paris, né le 20 mars 1813, décédé le 28 septembre 1867, laisse, parmi les savants de notre époque et dans sa profession, un vide difficile à remplir. Il était de ces hommes rares qui ont l'heureux privilége d'inspirer, à ceux qui les approchent, des sentiments d'admiration pour leur vaste savoir et leurs talents ; de s'attirer l'estime publique par l'exemple qu'ils donnent du devoir et de la dignité dans leur profession, et de se faire toujours des amis par l'aménité de leur caractère. Doué d'une intelligence d'élite qui s'était manifestée de bonne heure, ses parents avaient secondé les penchants de son esprit scrutateur dans les sciences. Son père, Bouley jeune, l'homme le plus consciencieux, le plus honnête et le plus bienveillant que j'aie connu, exerçait à Paris, avec une distinction qu'on n'a pas oubliée, la médecine vétérinaire. Membre de l'Académie de médecine, dont il avait su mériter la confiance et l'estime, il passait sa vie dans le culte de la science et l'exercice de la profession qu'il aimait. Il prouva tout le dévouement qu'il avait pour elle par la voie qu'il traça à ses deux fils, Jean-Joseph et Henri. Il voulait destiner Jean-Joseph à l'enseignement de la médecine vétérinaire ; son frère Henri devait succéder à son père et prendre l'établissement qu'il avait su rendre le plus important de Paris. Tel fut le vœu de Bouley jeune.

Les deux frères furent placés au collége Rollin pour faire leurs études classiques. Jean ne tarda pas à s'y faire remarquer par son ardeur au travail autant que par ses progrès. D'un caractère grave, au lieu de jouer avec ses jeunes camarades pendant les récréations, il réfléchissait en se promenant, ou il discourait avec d'autres écoliers, mais toujours sur des sujets sérieux auxquels les enfants de son âge ne songeaient guère. Aux jours de vacances, quand il allait avec son frère dans sa famille, il passait son temps dans la bibliothèque de son père, à compulser des livres de médecine, de littérature ou de philosophie, et il ne les quittait que pour rentrer au collége.

Lorsque les deux jeunes Bouley eurent terminé leurs études à Rollin, ils se disposèrent à obéir aux volontés de leur père. Jean-Joseph se prépara pour entrer à Alfort par des exercices manuels de la forge, exigés alors pour être reçu élève dans cette École. Mais ses parents, sa mère surtout, aussi distinguée par les qualités du cœur que par sa remarquable intelligence, ne tardèrent pas à s'apercevoir que les dispositions d'esprit de leur fils aîné l'entraînaient irrésistiblement vers d'autres travaux que ceux de la médecine vétérinaire. Ce ne fut pas sans un vif regret cependant que M. Bouley vit son fils Jean, qui avait fait de si brillantes études au collége, peu disposé à suivre la carrière de l'enseignement qu'il avait rêvée pour lui à l'École d'Alfort ; il fut donc décidé que ce projet serait modifié. Jean-Joseph Bouley suivit les cours de la Faculté de médecine de Paris, et son frère Henri entra à Alfort, où il est devenu plus tard un des professeurs les plus distingués de la médecine vétérinaire dans nos Écoles.

Comme au collége, Jean Bouley ne tarda pas à se faire remarquer à l'École de médecine. Les leçons de ses maîtres, les au-

teurs français, les dissertations médicales avec ses condisciples,
ne suffisaient pas au besoin qui le tourmentait toujours d'étendre
son érudition médicale. Il étudiait les auteurs allemands, an-
glais, italiens, dont il avait appris la langue. Il voulait connaître
l'état de la médecine et celui de ses progrès, dans toutes les
Facultés, chez toute les nations de l'Europe. Les ouvrages an-
ciens, en langues mortes ou vivantes, étaient étudiés par lui
comme les travaux les plus récents, et c'est en les comparant,
en réfléchissant sur les doctrines médicales de toutes les époques
et de tous les pays, qu'il ornait son esprit des éléments solides
de la science qui devait le placer plus tard au premier rang des
médecins de son époque.

Le jeune étudiant en médecine ne tarda pas à être interne, et,
quand il fut reçu docteur, à la suite d'une thèse qui fut remar-
quée, il ne lui fut pas difficile de concourir pour être médecin
des hôpitaux ; sa place était marquée d'avance au bureau cen-
tral ; tous ses confrères savaient, d'ailleurs, que nul n'en était
plus digne que lui.

Devenu praticien habile, par sa rare érudition médicale, par
la sagacité de son esprit d'observation et la solidité de son jugement, formé par de longues méditations, le docteur Bouley em-
ploya tout le temps que pouvaient lui laisser les devoirs de sa
profession de médecin des hôpitaux, à l'étude de toutes les
sciences et de tous les arts. Tête encyclopédique s'il en fut jamais, sa vaste mémoire lui permettait d'embrasser la généralité
de toutes les connaissances humaines. Il lisait tout, il appréciait
tout et il pouvait parler sur tout, avec un bon sens et une jus-
tesse d'appréciation qui étonnait les hommes spéciaux dans
chaque carrière : il aimait surtout les arts et la philosophie, et il
les étudiait avec le même goût, la même ardeur que la science

de la médecine qui lui était si familière. Avec les artistes, il raisonnait sur la musique, la peinture, la sculpture, comme il discourait avec les médecins sur les maladies, avec les philosophes sur les questions les plus ardues de leur science, avec les historiens sur les grands événements historiques de toutes les époques, avec les mathématiciens sur les problèmes les plus difficiles, avec les astronomes sur le monde sidéral, avec les militaires même sur les épisodes des guerres des temps passés, avec les voyageurs sur les mœurs des peuples et sur leur civilisation....

« Travailleur infatigable, » a dit sur sa tombe M. le docteur Guéneau de Mussy, son ami et son confrère dans les hôpitaux, « il était tourmenté de la soif d'apprendre, et tout était disposé « dans son existence pour qu'il pût se livrer sans réserve à cette « passion. Affranchi des obligations sociales, il était délivré des « soins de la vie matérielle, grâce à la délicate sollicitude d'un « ami digne de lui, M. le docteur Blanche, avec lequel il demeu- « rait depuis quinze ans, et qui, jusqu'à sa dernière heure, l'a « entouré des soins les plus tendres et les plus dévoués.

« Doué d'une mémoire incomparable, d'un jugement sûr et « droit, d'un esprit élevé et généralisateur, il jugeait, classait « et retenait à tout jamais ce qu'il avait lu une fois, et que n'a- « vait-il pas lu ? Tous les maîtres de notre science, les principaux « travaux de la médecine contemporaine, tous les philosophes, « depuis les penseurs grecs jusqu'aux rêveurs allemands de « notre époque. Il possédait à fond les langues anciennes, et il « s'était nourri des chefs-d'œuvre qui les rendent immortelles ; « les langues anglaise, allemande, italienne, ne lui étaient pas « moins familières, et il en avait médité les grands écrivains. « Sur la fin de sa vie, il avait donné un temps considérable à « l'étude de l'hébreu, après avoir consacré deux années à la lec-

« ture des principaux travaux exégétiques que l'Allemagne a pro-
« duits. Quelques années auparavant, il avait étudié les hautes
« mathématiques, l'astronomie, l'esthétique.... »

Et M. le professeur Lasègue, collègue de Bouley à l'hôpital
Necker, ajoutait, dans le discours qu'il prononça au nom des
médecins des hôpitaux :

« Érudit comme on ne l'est plus, passionné à froid pour les
« questions les plus brûlantes de notre temps, il marchait dans
« la science d'un pas tranquille, mais infatigable ; heureux de
« l'existence qu'il avait ordonnée au gré de son humeur, heureux
« des amis qui l'entouraient, heureux de ses élèves qui venaient
« chaque année accroître le nombre de ses amis. »

M. le docteur Constantin Paul, qui avait eu Jean Bouley pour
maître, prononça, au nom de ses collègues, un discours dans lequel il fit ressortir le rare talent du professeur pour communiquer
sa pensée, former l'esprit d'observation et le jugement des jeunes
gens au lit du malade ; l'érudition médicale dont sa mémoire
était ornée lui facilitait les moyens de rappeler à propos les faits
à l'appui des théories qu'il développait devant les auditeurs
si empressés à suivre ses leçons, si avides de l'entendre. « Sa-
« voir immense, a écrit le docteur Paul, modestie extrême,
« telles étaient les qualités de ce médecin trop peu connu. Ce
« n'était que dans un petit cercle d'auditeurs qu'il se décidait à
« ouvrir les trésors de sa profonde connaissance de la méde-
« cine, et tous ceux qui l'ont approché savent ce qu'on apprenait
« dans cette trop courte conversation par laquelle il terminait
« toujours sa visite d'hôpital. On le voyait alors, interprète fi-
« dèle des médecins de tous les temps et de tous les pays, les
« faire connaître à ses élèves. Il produisait non-seulement les

« faits favorables à l'idée qu'il défendait, mais encore ceux qui
« y étaient opposés....

« Jean Bouley n'était pas seulement un savant médecin,
« c'était un savant dans le vrai sens du mot, c'est-à-dire un sa-
« vant universel..... (1). »

MM. le docteur Lorain et Antony Deschamps prononcèrent
encore sur la tombe de leur ami des discours qui témoignaient
tous les regrets que fit éprouver sa perte douloureuse.

Si, comme savant, Bouley a été un des hommes les plus éminents de son temps, il l'a été aussi comme homme du devoir.
Ses nombreux élèves, comme ses collègues, savent avec quelle
exactitude, quel dévouement et quel zèle il faisait ses visites
d'hôpital ; avec quelle attention il étudiait les maladies des mal-
heureux confiés à ses soins ; avec quelle sollicitude surtout il sur-
veillait les malades dans les affections graves. Pendant les temps
de choléra, il visitait ses malades deux fois par jour. Il aurait
fait plus s'il l'avait fallu, et il ne reprenait son service ordinaire
que quand tout danger avait disparu, quand l'épidémie avait
cessé d'exercer ses ravages.

Bouley était né pour une vie douce et tranquille ; il était le
plus antipathique des hommes à ce mouvement fébrile qui agite
tant de cerveaux, à notre époque surtout. Quand il perdit son
père, qu'il a tant pleuré, et qui sera toujours regretté de tous
ceux qui l'ont connu, il alla habiter avec sa digne mère, à Passy,
dans l'établissement du docteur Blanche, son confrère et son
ami. Il était rare de voir une affection mutuelle plus vive et
plus touchante que celle de Mme Bouley et de son fils : elle était
si fière de lui ! il était si heureux avec sa mère ! Un cercle d'amis,

____

(1) *Union médicale* du 3 octobre 1867.

peu nombreux, mais sincères, de philosophes, d'artistes, de médecins et de littérateurs, se réunissait chez lui le dimanche et le mercredi. Les conversations y étaient toujours remplies d'intérêt, autant par leur variété que par l'érudition qui y présidait. Bouley savait alimenter ces causeries et les rendre attrayantes ; il était toujours prêt pour les entretenir. C'était un de ses plus grands plaisirs, et il le témoignait si bien, que souvent le docteur Émile Blanche, notre ami commun, qui en était témoin, me disait : *Bouley est l'homme le plus heureux de la terre.* Blanche avait raison. Avec sa mère, son frère, ses amis et ses livres, Bouley avait tous les éléments du bonheur qui convenait à sa nature honnête ; simple et modeste, exempt de ces ambitions trop communes qui troublent tant d'imaginations, tant d'existences, il comprenait la vie comme ceux qui savent la rendre heureuse. Certes, connu et estimé, comme il l'était, des hommes les plus haut placés dans la littérature, les sciences, la médecine et l'administration, le docteur Bouley aurait pu parvenir, s'il l'avait voulu, aux plus hautes positions de sa profession ; il préféra vivre tranquille avec sa mère et ses amis. C'était son bonheur : il ne voulait pas le troubler.

Cependant, cette vie si paisible de Bouley ne fut pas exempte de douleurs amères, de cruelles angoisses, dont j'ai été témoin moi-même. Lorsque sa mère, qu'il n'avait jamais quittée, fut atteinte de la maladie qui causa sa mort, il vit immédiatement de quel malheur il était menacé ; et quand il en fut frappé, ses cheveux blanchirent en quelques jours. Jamais il n'avait éprouvé une douleur plus profonde et plus poignante.

Bouley ne s'était pas marié. Toujours avec sa mère, il voyait dans elle le premier élément de son existence morale ; d'autre part, toujours resté étranger aux plus petits détails de la vie pratique, Mme Bouley s'était sans cesse occupée de lui comme d'un enfant, et elle était ainsi devenue pour son fils comme un protecteur indispensable, le préservant avec un soin minutieux de tout ce qui aurait pu le préoccuper dans des intérêts matériels, pour le laisser entièrement se livrer à son goût favori, à la science. Cette excellente mère avait si bien compris le caractère et les conditions de vie nécessaires à Bouley, qu'elle prit les mesures les plus capables de lui garantir ces conditions après sa mort. Quand elle vit sa dernière heure approcher, elle le recommanda à M. et Mme Émile Blanche, comme on recommanderait à des amis sûrs un enfant sans expérience, qu'on laisserait isolé sur la terre en la quittant. La famille Blanche fut pour Bouley une seconde famille, telle que sa mère l'avait rêvée pour lui, telle qu'il la fallait pour son genre de vie et sa nature. Entouré des soins les plus affectueux, délivré par la maison Blanche, comme avant la mort de sa mère, des soins d'une transformation d'existence commandée par le malheur qu'il avait éprouvé, et qu'il n'avait pu oublier, il avait repris ses habitudes ordinaires, et il était aussi heureux que possible, lorsqu'une maladie inattendue causa sa mort prématurée en quelques jours.

Les soins les plus empressés et les plus affectueux de ses collègues les médecins les plus éminents de la capitale, le dévouement absolu de ses amis, qui ne le quittèrent ni nuit ni jour quand ils le virent en danger, ne purent le sauver. Que de fois il songea à sa mère, avant son dernier soupir : « Ma pauvre mère, me disait-il, quelle serait sa douleur, si elle me voyait dans l'état ou je suis ! »

Celui qui trace ces lignes, le cœur navré, avait connu Jean Bouley dès 1824. Accueilli dans sa famille à cette époque, il y avait toujours reçu les témoignages de l'affection la plus sincère comme la plus solide. Témoin de la mort de Bouley père d'abord, et de Mme Bouley plus tard, je les ai pleurés comme mes propres parents, tant leurs bontés, qui ne s'étaient jamais démenties, m'avaient touché. Je n'ai pas quitté leur fils aîné pendant sa courte maladie ; je le pleure et je le regretterai toujours, comme un ami de presque toute la vie, et auquel je n'ai jamais cessé d'être sincèrement attaché.

Le docteur Bouley n'avait pas encore écrit. Aurait-il pris la plume plus tard ? Ses amis l'auraient vivement désiré. Dans leur opinion, il était peut-être le seul savant, aujourd'hui, qui pût doter la médecine d'une œuvre qui sera faite un jour, et qui manque : je veux parler d'une histoire générale et philosophique de la médecine et de ses progrès à travers les siècles, chez tous les peuples, depuis les temps les plus reculés jusqu'à ce jour.

Par son amour du travail et son aptitude aux recherches scientifiques, comme par l'étendue de son érudition variée, Bouley était un des savants de notre temps qui pouvait entreprendre avec le plus de chance de réussite cet important ouvrage, que tous les esprits sérieux voudraient voir publier. Toutefois, et malgré le désir de ses amis, ce genre de travail ne m'a jamais paru être dans les goûts de Bouley. Dans une de ces conversations intimes, comme nous en avions souvent depuis longtemps, je lui disais, il y a quelques années déjà, que le moment me paraissait venu pour lui de publier un travail et de traiter une question de son choix. « Si je me décide jamais à publier quelque chose, me « répondit-il, ce sera sur la théologie. » Cette science était, en effet, celle dont il s'occupait le plus depuis plusieurs années, et il la suivait surtout dans les œuvres produites par l'Allemagne. Ordinairement, chaque semaine il allait à la librairie allemande de la rue de Lille, n° 11, voir si quelque publication nouvelle avait paru.

Il me reste un dernier mot à dire. M. et Mme Bouley, de la rue de Normandie, avaient ambitionné pour leurs deux fils une carrière qui les rendît surtout utiles aux progrès des sciences médicales. Leur aîné a été l'un des médecins les plus illustres de son temps ; Henri, après avoir été un des plus brillants professeurs de l'École vétérinaire d'Alfort, est, comme le fut son père, membre éminent de l'Académie impériale de médecine, et, comme lui, honoré et estimé dans cette savante assemblée. Il est aujourd'hui inspecteur général des Écoles vétérinaires, et l'on sait avec quel succès et quel savoir il a secondé l'administration pour préserver l'agriculture française de l'épizootie qui a sévi sur l'espèce bovine dans quelques régions du nord de l'Europe, notamment en Angleterre et en Hollande.

Jean-Joseph et Henri Bouley pouvaient-ils répondre plus dignement au vœu de leur père et de leur mère ?

RICHARD (du Cantal), agriculteur.

4 octobre 1867.

1009 Paris. — Typographie de RENOU et MAULDE, rue de Rivoli, 144.